# Der Kellner

## Coole Tipps für mehr TIP

von

**Dr. Peter Echevers H.**

„Der Kellner – Coole Tipps für mehr TIP"
Erstveröffentlichung 2013
Überarbeitete Auflage zur gebundenen Ausgabe 2021
Lektorat: PSE ltda. Rio de Janeiro
Verlag. LULU Press Enterprises
© Dr. h.c. Peter Echevers H., Rio de Janeiro
E-Book:         ISBN 978-1-304-09023-2
Paperback:      ISBN 979-8-759-69023-8
Hardcover:      ISBN 979-8-759-66672-1

„Unter Hinweis auf §§ 5, 15 MarkenG nehmen wir Titelschutz in Anspruch für „Der Kellner – coole Tipps für mehr TIP" in allen Schreibweisen und Darstellungsformen als Einzeltitel und für alle Medien."


PSE Publications Service Echevers Ltda.
Ladeira da Colina, 2 Geribá
28953-355 Armação dos Búzios, RJ

Alle Rechte vorbehalten. Nachdruck, auch auszugsweise, verboten. Kein Teil dieses Werkes darf ohne schriftliche Einwilligung des Autors in irgendeiner Form reproduziert oder unter Verwendung elektronischer Systeme verarbeitet, vervielfältigt oder verbreitet werden.

**Index**

Einleitung   7

Empfehlung 1 – Kleidung und Hygiene   9

Empfehlung 2 – Kreativität   11

Empfehlung 3 – Vorstellung   13

Empfehlung 4 – Körperhaltung   15

Empfehlung 5 – Kopie-Effekt   17

Empfehlung 6 – Smile   19

Empfehlung 7 – Berührungspunkte   21

Empfehlung 8 – Unterhaltung   23

Empfehlung 9 – Süßes   25

Empfehlung 10 – Kleine Malerei   27

Empfehlung 11 – Dankeschön   29

Empfehlung 12 – verkaufen, verkaufen, verkaufen   31

Empfehlung 13 – Logos   33

Empfehlung 14 – Prophezeiung   35

Empfehlung 15 – Suggestiv-Fragen oder Alternativ-Fragen?   37

Empfehlung 16 – Nicken Sie mit dem Kopf   39

Empfehlung 17 – Stellen Sie sich gut mit Küche und Tresen   41

Am Rande erwähnt   43

Schmankerl: Kellner-Witze   49

Schlussbemerkung   71

Über den Autor   73

**Einleitung**

"To insure promptitude" kommt aus dem Englischen und ist in der Abkürzung jedem Kellner bestens bekannt als das Trinkgeld - der TIP!

"Stimmt so!" Musik in den Ohren jeder Bedienung, jedes Kellners, jedes Obers, Barkeepers oder Tresen-Personals.

Fakt ist allerdings, dass auf unerklärliche Weise, der ein Kellner brav seine Pflicht tut und aufmerksam seine Tische im Auge hat und gleichwohl kaum TIP bekommt und ein anderer neben seinem Tageslohn stets einen ordentlichen Schnitt macht, wenn es um den TIP geht.

Aufgrund von jahrelanger eigener Erfahrungen, Beobachtung von Kollegen, Gesprächen mit Fachleuten und Psychologen, Recherchen im Internet und dem häufigen Besuch aller Fachzweige der Gastronomie über Hotels, Sterne-Restaurants, Bars, Gaststätten, Hotelschiffen, Kreuzfahrern und Passagierdampfen, ist es mir eine Freude, dem angehenden Kellner oder interessierten Profi ein paar Ratschläge mit auf den Weg in den Arbeitsalltag zu geben, die wie Wunder plötzlich den Quell zum TIP öffnen. Wenn ich Ihnen verrate, dass alleine in

Deutschland im Jahr etwa 2,5 Milliarden Euro in Form von Trinkgeldern ihren Besitzer wechseln - Tendenz steigend - macht es schon Sinn, mit ein paar Kniffs und Tricks an diesem wunderbaren Geldstrom intensiver teilzunehmen.

Auf meiner Internetseite www.echevers.eu/derkellner kommen jede Woche neue Kniffe und Ideen dazu, es lohnt sich also, immer mal wieder reinzuschauen.

**Meine Empfehlung Nr. 1**

*Kleidung und Hygiene*

Wenn Sie Ihren Job nicht beherrschen, helfen Ihnen auch meine Tipps nicht zum Erfolg, aber davon wollen wir ja nicht ausgehen.

Sie gehen morgens mit einem frischen Hemd zur Arbeit, ich würde dringend empfehlen, mindestens ein weiteres zum Tausch für alle Fälle dabei zu haben. Kellner-Schuhe müssen bequem sein, das ist richtig, aber es müssen nicht die alten Latschen sein, die Sie schon vor drei Jahren anhatten. Ein erfolgreicher Kellner ist stets einwandfrei gekleidet.

Da gibt es keine Flecken auf Hemd, Jackett oder Hose. Gleiches gilt für die Körperhygiene, kein ranziger Schweißgeruch, kein schlechter Atem, keine unschönen Fingernägel. Machen Sie mit Ihrem Outfit und Ihrer Haltung allen Gästen klar, dass Sie stolz sind, ein guter Kellner zu sein und sich über jeden Gast freuen. Das wird nicht nur den wechselnden Gästen auffallen, sondern Sie werden auch anderen zum Vorbild und von einem Chef wird so etwas schon gar nicht übersehen.

Haben Sie auch einen guten Tipp für angehende Kollegen, oder lassen Sie sich eher nicht in die Karten schauen? Was kümmert es

Sie, wenn Tisch 17 genauso nett bedient wird, wie Ihr Revier? Wenn Sie also Ihre Kollegen an einer Ihrer Erfahrungen teilhaben lassen wollen, so schreiben Sie mir an Peter@Echevers.com Stichwort „Kellner Tipps". Aus den eingehenden Vorschlägen wähle ich die praktikabelsten aus und sollte Ihr Tipp hier veröffentlicht werden, erhalten Sie von mir als kleines Dankeschön mein Buch „Faszination Rio"

**Meine Empfehlung Nr. 2**

*Kreativität*

Es lohnt sich, bei der Wahl des Kellner-Outfits kreativ zu werden. Das zumindest resümierten die US-Forscher Jeri-Jayne Stillman und Wayne Hensley bereits im Jahr 1980. Für ihre Studie ließen sie sechs Kellnerinnen in einem gehobenen Restaurant eine Blume im Haar tragen - das Trinkgeld stieg um 17 Prozent.

Trinkgelder fallen höher aus, wenn wir den Kellner nicht nur in seiner Rolle, sondern zugleich als Individuum wahrnehmen. Diverse Studien haben diese These bestätigt. Demnach bekommen Kellnerinnen im Durchschnitt um 17 Prozent höhere Trinkgelder, wenn sie sich durch ein ungewöhnliches Accessoire von ihren Kollegen unterscheiden. (Bei den Damen z.B. eine Blume im Haar, bei Herren kann es ein Tuch als Accessoire sein oder ein auffälliger Gürtel, ein Hut, eine auf dem Haar getragene Sonnenbrille usw.).

Sprich: Seien Sie unverwechselbar und einmalig, heben Sie sich ab. Versetzen Sie sich in die Lage des Gastes, der hungrig oder durstig in Ihrem Revier sitzt und erstmal sehr wenig an Ihnen, sondern an der Speisekarte interessiert ist. Wenn Sie nichts unternehmen, wird der Gast Sie erst bei der Bitte um die Rechnung wieder wahrnehmen, oder wenn kein Salzstreuer auf dem Tisch steht. Verpassen Sie also Ihre Chance nicht, sich dem Gast einzuprägen.

Einen lustigen Keks mit der Rechnung zu bringen, da ist es zu spät. Ich überlasse es Ihrer Fantasie, was man alles anstellen könnte, um dem Gast bereits beim Platznehmen aufzufallen, und zwar im positiven Sinn.

**Meine Empfehlung Nr. 3**

*Vorstellung – Stellen Sie sich mit Ihrem Namen vor!*

Ich weiß, in Deutschland ist das nicht unbedingt üblich - aber gegen ein bisschen Höflichkeit sollten doch auch die Restaurantgäste hierzulande nichts einzuwenden haben. Kellner jedenfalls können davon profitieren, sich den Gästen namentlich vorzustellen. Kimberly Garrity und Douglas Degelman gelangten zu dieser Erkenntnis durch ein Experiment im Jahr 1990. Wenn die Kellnerin ihren Gästen zu Beginn ihren Namen nannte, bekam sie fast zwei Euro mehr Trinkgeld.

Auch in umgekehrter Richtung funktioniert das Spiel mit dem Namen. Wenn ein Gast per Kreditkarte zahlt, sollte man sich bei der Rückgabe der Karte bedanken und den Namen des Gastes dazu nennen (Vielen Dank, Herr Schmidt"). Das Trinkgeld steigt dadurch um etwa zehn Prozent.

So viel Zeit muss sein!

„Guten Tag, mein Name ist Robby, was darf ich Ihnen bringen?"

**Meine Empfehlung Nr. 4**

*Körperhaltung*

Die meisten Kellner stellen sich vor die Gäste, wenn sie die Bestellungen entgegennehmen. Fatal, meinten zumindest Kirby Mynier und Michael Lynn von der Universität von Houston im Jahr 1993. In ihrem Experiment sollten ein Kellner und eine Kellnerin zwischen Hinstellen und Hinhocken wechseln - wenn sie mit den Gästen auf Augenhöhe waren, gab es im Schnitt etwa einen Dollar Trinkgeld mehr.

Diese Technik passt eher in preiswerte, informelle Kneipen und Restaurants: Die Bedienung geht am Tisch in die Hocke, wenn sie die Bestellungen aufnimmt. Das zeitigt drei Effekte: Es erhöht die körpersprachliche Kongruenz zu den Gästen. Man bekommt leichter Augenkontakt - und die Gesichter kommen sich deutlich näher. All das sollte den Rapport verbessern und das Trinkgeld erhöhen.

Es wird Ihnen nicht entgangen sein, dass ich ausdrücklich von Hinhocken gesprochen habe, sich zum Gast herunterzubeugen erzeugte bei Tests nämlich nicht diesen Effekt.

Haben Sie auch einen guten Tipp für angehende Kollegen, oder lassen Sie sich eher nicht in die Karten schauen? Was kümmert es

Sie, wenn Tisch 17 genauso nett bedient wird, wie Ihr Revier? Wenn Sie also Ihre Kollegen an einer Ihrer Erfahrungen teilhaben lassen wollen, so schreiben Sie mir an Peter@Echevers.com Stichwort „Kellner Tipps". Aus den eingehenden Vorschlägen wähle ich die praktikabelsten aus und sollte Ihr Tipp hier veröffentlicht werden, erhalten Sie von mir als kleines Dankeschön mein E-Book „Faszination Rio".

**Meine Empfehlung Nr. 5**

*Kopie-Effekt*

Wer sein Gegenüber vorsichtig nachahmt, baut Sympathie auf - das funktioniert laut des niederländischen Psychologen Rick van Baaren auch im Restaurant. Für seine Studie im Jahr 2003 trug er Kellnern auf, die Bestellungen der Gäste laut zu wiederholen. Der Effekt war deutlich: Zum einen gab ein höherer Anteil der Gäste Trinkgeld, zum anderen stieg auch dessen Summe - um das Doppelte!

Der Gast erkannte sich entweder wieder oder empfand, dass er es mit einer ihm ähnlichen Person zu tun hatte. Es kann auch sein, dass er das Imitieren als das Bemühen des Kellners, um bestmögliche Bedienung verstand.

**Meine Empfehlung Nr. 6**

*Smile – lächeln Sie*

Wer als Kellner seine schlechte Laune offen zur Schau stellt, hat den Beruf verfehlt. Mehr noch: Lächelnde Kellner bekommen mehr Trinkgeld. Für ihr Experiment im Jahr 1978 warben Kathi Tidd und Joan Lockard Kellnerinnen in einer Cocktailbar an. Sie sollten die Gäste unterschiedlich breit anlächeln. Ergebnis: Wer mit geschlossenem Mund lächelte, bekam im Schnitt 20 Cent Trinkgeld. Wer beim Lächeln seine Zähne zeigte, erhielt durchschnittlich 48 Cent.

Lächle so breit du nur kannst

Klar, dass Kellner besser ankommen, wenn sie freundlich sind. Allerdings gibt es auch hier beeindruckende Unterschiede, wie eine Studie, durchgeführt in einer Cocktailbar in Seattle, zeigt. Dabei begrüßten die - ausschließlich weiblichen - Servicekräfte ihre Gäste mit freundlicher Miene. Bei den einen lächelten sie jedoch betont breit mit offenem Mund. Bei den anderen ließen sie ihren Mund geschlossen, deuteten das Lächeln also lediglich an. Das breite Lächeln ließ die Trinkgeldrate um beeindruckende 140 Prozent steigen.

Angelächelt werden, hat etwas Einladendes. Aber was viel wichtiger bei dieser Technik ist, der Gast fühlt sich wiedererkannt. Ob zu recht oder unrecht spielt dabei gar keine wesentliche Rolle. Es kommt allein darauf an, was wir mit unserem Lächeln in der Psyche des Gastes auslösen.

**Meine Empfehlung Nr. 7**

*Berührungspunkte*

Über die Macht der Berührungen habe ich vor kurzem bereits in meinem Buch „Der Feminist" geschrieben - diese können sich auch Kellner zunutze machen. Zu diesem Schluss kamen April Crusco und Christopher Wetzel bereits im Jahr 1984. In einer Studie sollten Kellnerinnen ihren Gästen unterschiedlich gegenübertreten. Die einen berührten sie leicht an der Schulter, die anderen an der Hand, wieder andere fassten sie gar nicht an. Im letzteren Fall gaben die Gäste im Schnitt 12 Prozent Trinkgeld. Wurden Sie an der Schulter berührt, gaben sie 14 Prozent, bei einer Berührung an der Hand sogar 17 Prozent.

Wer seine Gäste kurz berührt, erscheint sympathischer und bekommt mehr Trinkgeld – die Steigerungsrate liegt bei rund 16 Prozent. Die Gäste haben außerdem das Gefühl, besser bedient worden zu sein. Und so geht's: Man berührt den Gast in einem Moment, in dem seine Aufmerksamkeit abgelenkt ist, am besten, wenn man ihm die Rechnung präsentiert. Man sollte seinen Gast in diesem Moment nicht ansehen, sondern ebenfalls auf die Rechnung blicken. Die Berührung sollte beiläufig und wie aus Versehen mit der Hand an der Schulter erfolgen. Nach zwei, allerspätestens jedoch nach vier Sekunden sollte man seine Hand wieder abziehen. „Diese Berührung wird das Verhalten des Gastes verändern und seine Brieftasche öffnen - selbst, wenn er die Berührung gar nicht bewusst registriert hat", meint Echevers.

## Meine Empfehlung Nr. 8

*Unterhaltung*

Auch dieser Tipp gilt eher nicht in Feinschmecker-Restaurants. Der französische Psychologe Nicolas Guéguen trug Kellnern in einem Experiment im Jahr 2006 auf, den Gästen nicht nur die Rechnung zu bringen - sondern gleichzeitig auch ein kleines Kärtchen mit einem Witz drauf. Ergebnis: Das Trinkgeld stieg von zehn auf siebzehn Prozent.

Je nach Situation kann es sogar richtig sein, einen Kellnerwitz zu erzählen. Ärzte kennen die besten Ärztewitze, also sollte der Kellner ein gutes Repertoire an Kellnerwitzen bereit halten, man weiß ja nie.

„Ist meinem Kollegen neulich passiert... Er bringt die Vorsuppe, da sagt der Gast...

Eine kleine Auswahl finden Sie im Anhang.

**Meine Empfehlung Nr. 9**

*Süßes*

Die Reziprozitätsregel besagt: Wenn wir etwas geschenkt bekommen, wollen wir uns mit einem Gegengeschenk revanchieren. Dieses Prinzip können auch Kellner ausnutzen. In einem Experiment von David Strohmetz im Jahr 2006 schenkten die Kellner ihren Gästen nach dem Essen Schokolade - so konnten sie ihr Trinkgeld im Schnitt um bis zu vier Prozent steigern.

*Schenk den Gästen Schokolade*

Bis zu 21 Prozent höher fällt das Trinkgeld aus, wenn man der Rechnung ein Geschenk beifügt. So funktioniert es laut Echevers' Studien am besten: Man gibt allen Gästen in der Runde ein Stück Schokolade und entfernt sich kurz, um dann scheinbar spontan zurückzukehren und ein zweites Stück für jeden auf den Tisch zu legen. Die Erklärung: Die Gäste haben nach dieser Aktion das Gefühl, dem Kellner besonders sympathisch zu sein und deshalb mehr zu bekommen als eigentlich vorgesehen.

In den meisten Fällen werden sie sich dafür revanchieren - und mehr bezahlen, als sie ursprünglich geplant hatten.

Beim Kellner ist es wie im richtigen Leben, es ist ein ständiges Geben und Nehmen. Wenn Sie das Potenzial dieser Regel erkannt haben, werden Sie es unschwer in die Tat umsetzen können.

Auch klar ist, dass das nicht der richtige Weg ist für die Arbeit in einem Schnellrestaurant.

**Meine Empfehlung Nr. 10**

*Kleine Malerei*

Achtung, dieser Tipp gilt nur für Frauen. In einer Studie von Bruce Rind und Prashant Bordia aus dem Jahr 2006 erhielten Kellnerinnen fünf Prozent mehr Trinkgeld, wenn sie einen "Smiley" auf die Rechnung zeichneten. Bei Kellnern hatte die Kritzelei einen gegenteiligen Effekt - ihr Trinkgeld sank um drei Prozent. Vermutlich fanden die Gäste es eher affig, wenn ein Mann ein lächelndes Gesicht malte. Frauen hingegen nahmen sie die Geste nicht übel - im Gegenteil!

**Meine Empfehlung Nr. 11**

*Danke schön*

Dass Sie Ihren Gästen Dankbarkeit zeigen sollten, versteht sich von selbst. Doch laut einer Studie von Rind und Bordia aus dem Jahr 2006 bringt es etwas, diese auch schriftlich zu zeigen - indem Sie "Vielen Dank" auf die Rechnung schreiben. In einem Experiment ließ diese kleine Geste das Trinkgeld um immerhin zwölf Prozent steigen.

„Es war mir eine Freude, Sie heute bedient zu haben. Ich wünsche Ihnen noch einen schönen Tag."

Haben Sie auch einen guten Tipp für angehende Kollegen, oder lassen Sie sich eher nicht in die Karten schauen? Was kümmert es Sie, wenn Tisch 17 genauso nett bedient wird, wie Ihr Revier? Wenn Sie also Ihre Kollegen an einer Ihrer Erfahrungen teilhaben lassen wollen, so schreiben Sie mir an Peter@Echevers.com Stichwort „Kellner Tipps". Aus den eingehenden Vorschlägen wähle ich die praktikabelsten aus und sollte Ihr Tipp hier veröffentlicht werden, erhalten Sie von mir als kleines Dankeschön mein E-Book „Faszination Rio".

## Meine Empfehlung Nr. 12

*Verkaufen, verkaufen, verkaufen*

Die meisten Gäste berechnen ihr Trinkgeld nicht als Summe, sondern prozentual zur Höhe der Rechnung - in den USA sind etwa 15 bis 20 Prozent üblich. Das bedeutet umgekehrt: Wer viel verkauft, bekommt mehr Trinkgeld. Echevers konnte nachweisen, dass eine höhere Rechnung der mit Abstand verlässlichste Weg zu einem höheren Trinkgeld ist. Deshalb empfiehlt er die Technik des „suggestiven Verkaufens".

Man fragt gleich nach der Vorstellung: „Hat jemand Lust auf ein kleines Getränk vorweg?" Sind die Cocktails etwa zur Hälfte getrunken, nimmt man ausdrücklich die Bestellung „der Vorspeisen" auf, empfiehlt später ungefragt ein paar hochpreisige Hauptgerichte, bietet anschließend Desserts an - nicht ohne bei jedem Gang gefragt zu haben, ob es noch eine Kleinigkeit zu trinken sein darf (während des Hauptgerichts fragt man sogar zweimal). Im Durchschnitt treibt eine solche Strategie die Gesamtrechnung um 25 Prozent in die Höhe.

**Meine Empfehlung Nr. 13**

*Logos*

Kunden lassen ein höheres Trinkgeld springen, wenn man ihnen die Rechnung in einem Umschlag präsentiert, auf dem das Logo einer Kreditkartenfirma zu sehen ist. „Warum das funktioniert, wissen wir nicht", gesteht Herr Echevers, „dass es funktioniert, steht aber außer Frage." Kellner mit Logoumschlägen bekommen im Schnitt 22 Prozent mehr Trinkgeld.

Vielleicht erinnert der Umschlag an frühere Gepflogenheiten als man noch Mitteilungen, Depeschen und Telegramme im Umschlag überall hin nachgereicht bekam. Jedenfalls nimmt es der Rechnung das etwas Plakative, das Obszöne, das Offensichtliche. Die Rechnung wird zum intimen Geheimnis, welches nur der Keller und der Adressat kennt.

Probieren Sie es aus, mit zwei Klicks und einem Drucker hat man durch die Vorteile des Internets so einem Umschlag in Nullkommanichts selbst hergestellt.

Im Zweifelsfalle hilft eine Freundin. Je nach Geschäftsführung sollte man für diesen Versuch auch den Chef einweihen.

„Ich möchte mal etwas versuchen, ich habe da von einer Methode gelesen, die dem Restaurant mehr Ansehen verschafft." (Irgend so etwas)

**Meine Empfehlung Nr. 14**

*Prophezeiung – prophezeien Sie schönes Wetter*

Die meisten Menschen mögen schönes Wetter - und die Überbringer guter Nachrichten. Kellner können diese Kombination für sich nutzen, indem sie bei der Präsentation der Rechnung sagen: „Das Wetter morgen soll fantastisch werden. Ich hoffe, Ihr könnt den Tag so richtig genießen." In einer Studie in New Jersey genügte dieser Trick, um das Trinkgeld um 9 Prozent zu steigern. Allerdings funktioniert diese Methode nicht an jedem Tag. ‚Man sollte sie nur verwenden, wenn tatsächlich ein schöner Tag bevorsteht", meint Echevers.

Wetter ist generell ein Thema und hat Einfluss auf den Gesamtumsatz des Restaurants. Wer da als Kellner keine Null-Runden drehen will, kommt um das Gespräch mit der Geschäftsführung nicht herum.

Da gibt es so Kniffe, die man durchrechnen muss. Ist es zu verkraften, statt gar keinen Umsatz zu machen, die Kinderteller an Regentagen preislich um die Hälfte zu reduzieren?

Oder kann man anbieten, an Regentagen bei einem zu vier Personen besetzten Tisch nur drei zu berechnen?

Verkaufen um jeden Preis, aber wenn kein Gast da ist, tut sich nichts.

Wenn man das abstimmt mit der Geschäftsleitung kann Echevers sich auch vorstellen, dass man Paaren anbietet, dass die Getränke der Dame aufs Haus gehen.

Je nachdem wie kalkuliert wird, kann man an Regentagen auch kostenlose Gerichte anbieten und nur die Getränke berechnen.

Wenn die Geschäftsleitung da mitspielt, sind Sie wieder im Spiel und können Umsatz machen.

Was meinen Sie, was die Konkurrenz sagt, wenn es bei Ihnen trotz Regen im Restaurant brummt?

**Meine Empfehlung Nr. 15**

*Suggestiv-Fragen oder Alternativ-Fragen?*

Mit Suggestiv-Fragen arbeiten wie „Na, Sie bekommen doch bestimmt noch ein Bier, oder?" ist plump und wird von den meisten Gästen heute sofort durchschaut, das Umsatztreiben hat dann zur Folge, dass der Kellner als drängend empfunden wird und das wird übel genommen, dementsprechend gering fällt das Trinkgeld dann aus. Erfolgreicher ist man, wenn man dem Gast die Wahl lässt: „Möchten Sie zum Nachtisch etwas Süßes oder eher einen Espresso?" Hier fällt es dem Gast eher schwer, eine dritte Alternative ins Spiel zu bringen. Er hat das Gefühl, der Kellner denkt mit und das findet seine Anerkennung im TIP. Echevers beobachtete eine Steigerung von fünf Prozent.

Gleiches gilt natürlich bei den Vorschlägen zu Vorspeisen. Natürlich bevor der Gast sich schon ausschließlich für das Hauptgericht entschieden hat.

„Darf ich Ihnen als kleine Vorspeise eine Consommée oder eine Frühlingsrolle bringen?"

„Der Barkeeper des Hauses macht eine ausgezeichnete Caipirinha, sein trockener Martini ist auch nicht von schlechten Eltern."

Lassen Sie Ihre Fantasie spielen, aber befreien Sie sich von dem „Darf es sonst noch etwas sein?"

**Meine Empfehlung Nr. 16**

*Nicken Sie mit dem Kopf*

Dieser Ratschlag arbeitet zugunsten des Kellners, aber nur dann, wenn er nicht gleichzeitig versucht, sein Ziel mit einer Suggestiv-Frage zu erreichen. Die Frage muss ohne Unterton und ohne verbale Manipulation klar gestellt werden: „Darf ich Ihnen noch eine (Flasche Wein, 2. Portion, was auch immer) bringen?" Unmittelbar nach der Fragestellung beginnt der Kellner fast unmerklich mit dem Kopf zu nicken.

Das tut er so lange, bis der Gast die Frage entschieden hat. Kein verlegenes Grinsen, keine Entschuldigung, nicken Sie einfach leicht, als sei es das selbstverständlichste der Welt. In 95 Prozent der Fälle, entscheidet der Gast positiv und wie wir aus einer meiner vorherigen Empfehlungen wissen, hat der Gesamtumsatz einen deutlichen Einfluss auf die Trinkgeldhöhe.

Diesen Tipp sollten Sie zuhause wirklich vor dem Spiegel üben, es ist nicht so einfach, unmerklich mit dem Kopf zu nicken und dabei keine Miene zu verziehen.

Treiben Sie einen Gast niemals in die Enge, wie es manche Karnevalskellner machen. Da wird der Gast sehr laut gefragt, ob er noch eine zweite Flasche Wein bestellen möchte, damit er falls er absagen würde, vor der versammelten Tischgemeinschaft das Gesicht verliert.

Das ist plump und der Gast fühlt sich übertölpelt, er kommt garantiert nicht wieder.

**Meine Empfehlung Nr. 17**

*Stellen Sie sich gut mit Küche und Tresen*

Die Gäste haben meist keine Berührungspunkte mit dem Küchengeschehen oder was am Tresen abläuft. Sie hingegen sind deren einziger Bezugspunkt. Sie stehen sozusagen an der Front, wenn aus der Küche ein schlecht dekorierter Teller kommt, das Glas Wein nur halb voll oder wieder das Eis vergessen wurde. Die Beschwerde landet bei Ihnen. Das Trinkgeld können Sie vergessen.

Sorgen Sie also für Harmonie mit den Kollegen in der Küche und am Tresen, damit Sie dort einwandfrei bedient werden, um so Ihren Gast einwandfrei bedienen zu können.

Es kann immer mal etwas schief laufen, aber das muss die Ausnahme bleiben und für diese Ausnahmen müssen Sie sehr gut gewappnet sein.

„Das mit dem Fisch hat ja nun nicht wirklich optimal geklappt, darf ich Sie trotzdem zu einem Dessert einladen, um es wieder gutzumachen?"

So oder ähnlich machen Sie Punkte und retten die Situation und den TIP.

**Am Rande erwähnt**

*Das Trinkgeld*

Das Trinkgeld ist auch in kleineren Beträgen ein großes Rätsel. Schätzt man die Beträge in Deutschland allein anhand der Umsätze von Restaurants und Friseuren, verschenken die Deutschen jedes Jahr mindestens zweieinhalb Milliarden Euro an Trinkgeld. Was sie im Taxi aufrunden und im Hotel hinterlassen, kommt noch obendrauf. Dabei sind sie sonst gar nicht so spendabel: Wenn sie einkaufen gehen, laufen sie zu Aldi oder Lidl, damit sie bloß keinen Cent zu viel für die Tütensuppe zahlen. Und auch der Erfolg von Ikea lässt sich nicht eben damit erklären, dass die Deutschen dafür berühmt wären, für ihre Möbel gern viel Geld ausgeben – warum tun sie es dann im Restaurant?

*Schnelle Bedienung sichern*

Wie das Trinkgeld entstanden ist, ist noch einigermaßen klar. Schon im 14. Jahrhundert gab es im Deutschen das Wort „Trinckgelt" – und wer es sich leisten konnte, zahlte es gerne. Denn das Trinckgelt zeigte den sozialen Status, es markierte den Unterschied zwischen den Dienstboten, die zum Überleben um jeden Kreuzer froh waren, und den Reichen, die ebenjene Kreuzer erübrigen konnten – und ihren armen Dienstboten und Kutschern wenigstens ein Glas zu trinken gönnten, während sie selbst ein üppiges Mahl verspeisten.

Die Statusunterschiede wurden im Lauf der Zeit kleiner, doch das Trinkgeld blieb. Wenn sich auch die Gründe dafür änderten. Im 18. Jahrhundert stand in vielen britischen Lokalen ein kleiner Metallbecher, in den die Gäste beim Eintreten ein paar Münzen warfen. Auf dem Becher standen oft die Buchstaben „t.i.p.". Inzwischen haben sich diese Buchstaben zum englischen Wort für Trinkgeld, zum „TIP", vereint. Damals waren sie noch eine Abkürzung: Die drei Buchstaben standen für „to insure promptitude", zu Deutsch: Sichern Sie sich eine schnelle Bedienung.

*Kein Umtausch bei Dienstleistungen*

Dazu ist das Trinkgeld wirklich nützlich. Wirtschaftsforscher, die sich mit dem Brauch ausführlich auseinandergesetzt haben, sehen deshalb im Trinkgeld den Ersatz für ein Umtauschrecht in Branchen, in denen ein Umtausch nicht sinnvoll wäre. Wenn der Kellner zu lange auf sich warten lässt, der Taxifahrer den Fahrgast anpampt oder der Friseur die Haare zu weit abschneidet, dann kann der Kunde schließlich die Dienstleistung nicht einfach umtauschen. Er ist unzufrieden, vermutlich kommt er nicht wieder – aber dem Dienstleister selbst kann das letztlich egal sein. Denn sein Chef erfährt nur ganz selten, ob und warum der Kunde eigentlich unzufrieden war. Da kann das Trinkgeld als Ersatz dienen – vor allem heute, da es erst nach erbrachter Leistung gezahlt wird. Plötzlich hängt nämlich der Lohn des Kellners,

Taxifahrers und Friseurs direkt davon ab, ob sie dem Kunden einen guten Service bieten.

All diese Gedanken gelten, solange der Kunde – wie Lottogewinner Robert Cunningham – regelmäßig zum gleichen Friseur und ins gleiche Restaurant geht. Doch beim Taxi wird es schon schwierig. Und auf Reisen sowieso: wenn derselbe Pfennigfuchser, der zu Hause bei Aldi und Ikea einkauft, in Paris essen geht. Da weiß er genau: Er kommt nie wieder zurück; es kann ihm schnurzegal sein, ob der Pariser Kellner nach seinem Besuch langsamer und unfreundlicher wird. Trotzdem gibt er Trinkgeld. Zu Hause angekommen, gibt er zwar den Schneepflugfahrern nichts, aber den Männern von der Müllabfuhr (falls die noch etwas annehmen dürfen) – dabei hat er auch nichts davon, sich das Wohlwollen des Müllmanns zu sichern. Schließlich kann auch der motivierteste Mitarbeiter der Müllabfuhr kaum mehr tun, als den Mülleimer auszuleeren und zurückzustellen.

*Nett sein fürs Ansehen*

Die Erklärung dafür finden Biologen und Psychologen bei den ersten Menschen, die es überhaupt gab. Sie lebten in kleinen Gemeinschaften. Dort kannte jeder jeden – und es sprach sich schnell herum, wer richtig knauserig und wer besonders großzügig war. Deshalb achteten die Menschen damals nicht darauf, ob sie für Geschenke und gute Taten direkt eine Gegenleistung erhielten – wer nett war, konnte sich darauf verlassen, dass das dem eigenen Ansehen hilft und dass ihm die Großzügigkeit eines Tages zurückgezahlt wird. Diese Verhaltensweise hat sich in den Genen bis heute gehalten.

Heute macht es den Menschen richtig Freude, etwas zu verschenken. Und sie denken immer noch nicht richtig darüber nach, ob sie dafür eine Gegenleistung bekommen. „Wir folgen automatisch den Strategien, die früher für uns vorteilhaft waren", sagt der Verhaltensökonom Edmund Lahaye. „Das Verhalten wird übergeneralisiert." Die Menschen sind einfach an den Stellen nett, wo es sich eingebürgert hat. Und sie sind umso eher nett, je persönlicher ihr Verhältnis zum Partner ist.

*Ein „Danke" auf der Rechnung*

Das Trinkgeld ist eine sehr persönliche Gabe. Und seine Größe hängt tatsächlich davon ab, wie persönlich das Verhältnis zum Empfänger ist. Das weiß der Psychologe Michael Lynn, der einst selbst als Barkeeper und als Kellner gearbeitet hat und heute an der Hotel-Managementschule der angesehenen Cornell University lehrt. Er erforscht schon seit seiner Masterarbeit, wann Trinkgeld gegeben wird und warum. Er hat ermittelt, wie Kellner ihr Trinkgeld steigern können – und die meisten dieser Tipps helfen, eine persönliche Beziehung aufzubauen: Stellt der Kellner sich mit Namen vor, wiederholt die Bestellung, geht dabei neben dem Gast in die Hocke, sodass er auf Augenhöhe ist. Dann hat er die Tipps von Lynn gelesen. Wenn er dann auch noch dem Gast sanft über die Schulter streicht, einen Witz erzählt und auf die Rechnung „Danke" schreibt, kann er noch mal auf ein höheres Trinkgeld hoffen.

Doch bei alldem dürfen die Kunden nie auf die Idee kommen, dass sie zum Trinkgeldgeben manipuliert werden sollen. Sonst vergeht ihnen die Lust ganz schnell. Trinkgeld muss eine freiwillige

Leistung sein, es darf keine Berechnung im Spiel sein, sonst geht die ganze Freude daran verloren. Das gilt in beide Richtungen, wie im Hotel ganz deutlich wird – wenn der neue Gast zu Beginn seines Urlaubs dem Concierge einen 100-Euro-Schein in die Hand drückt und dazu sagt: „Wo das herkommt, gibt's noch mehr." Dieser Gast darf als neureicher Schnösel gelten.

*Nur nicht zu berechnend*

Dabei ist das Trinkgeld auf der Seite der Empfänger schon längst einkalkuliert, und zwar sowohl vom Angestellten als auch vom Chef, der dann wiederum von den Kunden niedrigere Preise verlangen kann. Es ist kein Zufall, dass ausgerechnet Friseure einen der niedrigsten Tariflöhne bekommen und die Inhaber der Friseurläden trotzdem noch nicht über einen Fachkräftemangel klagen müssen. Schließlich fühlt sich jeder Friseurkunde zum Trinkgeld verpflichtet, die Friseure verdienten doch so wenig.

Ein Dienstleister hat dieses Prinzip erkannt und auf die Spitze getrieben: Er schickte Studenten in den Supermarkt, die den Kunden an der Kasse beim Einpacken helfen sollten. Sie bekamen gar keinen Lohn, sondern sollten nur durch das Trinkgeld bezahlt werden. Das funktionierte ganz gut – bis die Öffentlichkeit erfuhr, dass die Einpackhelfer keinen Lohn bekamen. Dann gingen sie auf die Barrikaden. Das war ihnen dann doch wieder zu berechnend.

## Schmankerl: Kellner-Witze

"Herr Ober, bitte einen Zahnstocher!"

"Einen Moment, im Augenblick sind alle Zahnstocher in Gebrauch!"

------------------------------------------------------------

Sagt der Gast zum Kellner: "Herr Ober! In meiner Suppe schwimmt eine Fliege!"

Entgegnet der Ober: "Nicht mehr lange, sehen Sie nicht die Spinne am Tellerrand?"

Der Frühstücksgast anerkennend zum Kellner: "Das Muster auf der Butter ist heute aber besonders hübsch!"

"Nicht wahr", antwortet der Kellner stolz, "Das hab' ich selbst gemacht, mit meinem Taschenkamm."

------------------------------------------------------------

"Herr Ober, in meiner Suppe schwimmt eine Fliege!"

"Was sollte sie denn sonst tun, Radfahren?"

---

"Herr Ober, in meiner Suppe kämpfen zwei Fliegen!"

"Erwarten Sie für einen Euro siebzich etwa auch noch einen Stierkampf?"

---

"Herr Ober, was sind das für kleine schwarze Dinger, die auf meiner Gemüsesuppe schwimmen?"

"Das werden wohl die Vitamine sein, mein Herr, die Vitamine!"

---

"Was macht die Fliege in meiner Suppe?"

Der aufmerksame Kellner beugt sich vor: "Sieht von hier wie Rückenschwimmen aus, nicht wahr?"

---

"In meiner Suppe ist ja eine Fliege!"

"Klarer Fall von Notlandung, mein Herr. Sehen Sie die Bremsspur am Tellerrand?"

---

"Herr Ober! In meiner Suppe schwimmt eine ekelige Fliege!"

Der Ober ist entsetzt: "Verzeihen Sie mein Herr ich bin untröstlich. Ich werde Ihnen sofort eine neue Suppe bringen. Das Menü geht natürlich auf Kosten des Hauses und erlauben Sie mir noch, Sie im Namen der Direktion zu einem Cognac einzuladen." Der Ober entfernt sich. Darauf eine Stimme vom Nebentisch: "Pssst Herr Nachbar. Würden Sie wohl die Liebenswürdigkeit besitzen und mir Ihre Fliege leihen?"

---

"Herr Ober!" ruft aufgeregt der Gast. "In meinem Bier schwimmt eine Fliege!"

"Na und", sagt der Kellner, "soll ich ihr vielleicht einen Rettungsring zuwerfen?"

---

"Herr Ober, in meiner Suppe schwimmt eine Fliege."

"Mein Herr, Sie irren sich", diagnostiziert der Kellner nach genauerer Betrachtung, "die Fliege schwimmt nicht, sie ist tot."

---

"Herr Ober, hier ist eine Fliege in meiner Suppe."

"Es tut mir leid mein Herr, dass es nur eine ist, aber Fliegen sind knapp in diesem Jahr."

---

Der Ober bringt dem Gast die Suppe, und hält den Teller so, dass sein Finger drinhängt.

Gast: "Warum bitte haben Sie Ihren Finger in meiner Suppe?"

Ober: "Ja, also, ich habe einen vereiterten Finger, und mein Arzt hat gesagt, ich soll ihn warmhalten, damit er schneller heilt."

Gast: "Igitt, das ist ja ekelhaft, da könnten Sie ihn sich ja gleich in den Hintern stecken, da ist es auch schön warm!"

Ober: "Da hatte ich ihn ja auch, bis Ihre Bestellung kam..."

---

Der Ober serviert dem Gast die bestellte Suppe.

Gast erbost: "Herr Ober, in meiner Suppe schwimmt eine Fliege!"

Da nimmt der Ober die Fliege gelassen aus der Suppe und bindet sie sich um...

---

"Herr Ober, von meiner Suppe nascht eine Fliege!"

"Keine Angst, die isst nicht viel."

---

"Herr Ober, ihre Krawatte hängt in meine Suppe!"

"Das macht nicht, die muss sowieso schon in die Reinigung."

"Herr Ober, in meiner Suppe schwimmt eine Biene!"

"Tut mir leid, die Fliegen waren leider aus."

---

"Herr Ober, in meiner Suppe ist eine Fliege!"

"Nicht so laut, sonst wollen die anderen auch noch eine."

---

Zwei Männer stehen pinkelnd in der Restauranttoilette. Als der erste fertig ist, will er den Raum, ohne sich die Hände zu waschen verlassen, da ruft ihm der andere nach: "Was ist mit Händewaschen?!"

"Keine Zeit, die Küche ruft!"

---

"Herr Ober! Was macht das Bier, das ich vor einer Stunde bestellt habe?"

Kellner: "1,20 €!"

---

Mann im Restaurant: "Herr Ober! Zahlen bitte!"

Ober: "12, 7, 23..."

---

"Herr Ober, ich möchte zahlen!" - "Was haben Sie denn gehabt?" - "Das weiß ich nicht, geschmeckt hat das Zeug wie Seifenwasser." - "Dann war es ein Tee, der Kaffee schmeckt heute wie Petroleum."

---

Bachhuber prahlt neben seiner Begleiterin mit seinen Englischkenntnissen. An der Theke: "Two Martinis, please!" - "Dry?"- "Hören Sie schlecht? Zwei hab ich gesagt!"

---

Kommt ein Kellner an dem Tisch an dem das Skelett sitzt.

Sagt der Kellner erschrocken "Tut mir leid, dass ich sie so lange warten ließ"

---

"Herr Kellner, dieses Schnitzel schmeckt wie ein alter Gummistiefel, den man mit Zwiebeln eingeschmiert hat!"

"Was Sie schon alles gegessen haben!"

---

Ein Mann geht in die Kneipe und sieht den Kellner mit einem 20 cm großen Männchen der sagt: "Hallo, wie geht´s?" Er fragt ihn, woher er das Ding hat.

Sagt der Kellner: "Geh hinaus zur vierten Straßenlaterne und kitzle sie. Dann kommt eine Fee heraus und sie gibt dir alles was du willst."

Der Mann geht zur Laterne und tut alles wie gesagt. Da kommt die Fee heraus und ihn fragt, was er will. Er sagt: "Ich will 10 Millionen in kleinen Scheinen."

Auf einmal erscheinen zehn Melonen und kleine Schweine. Der Mann rennt zurück zum Kellner und sagt es ihm. Da antwortet der Kellner: "Hast du echt geglaubt, dass ich ein 20 cm großes Männchen haben wollte?"

---

Fragt die Kellnerin den Gast: "Ihr Glas ist leer. Wollen Sie noch eins?" Gast: "Was soll ich denn mit zwei leeren Gläsern?"

---

Der Kellner bringt dem Gast die Suppe. Dieser, ganz lässig und völlig höflich: "Darf ich sie darauf aufmerksam machen, dass sie den Daumen in meiner Suppe haben?"

"Ja, ich weiß", sagt der Kellner, "aber ich habe einen Furunkel am Daumen, und mein Arzt sagt, ich solle ihn immer gut warm halten."

Erregt poltert der Gast los: "Wissen sie was? Stecken sie sich den Daumen doch in den Arsch, dann ist er warm!"

Darauf der Kellner: "Das tu ich ja immer, wenn ich kann. Aber jetzt musste ich doch ihre Suppe bringen."

---

Der Gast zum Kellner: "Schnell ein Bier, bevor der Wirbel hier los geht!" Der Gast trinkt aus, sagt wieder: "schnell noch ein Bier, bevor der Wirbel hier losgeht... usw.... bis der Kellner fragt: "Kommen auch deine Freunde noch oder kannst du nicht bezahlen?" Sagt der Gast: "siehst du, ich hab dir's ja gesagt, der Wirbel geht schon los!"

----

"Herr Ober, ich habe Hunger wie ein Wolf!"

"Tut mir leid. Rotkäppchen ist grade aus."

----

Ein Mann bestellt in einer Bar zehn Klare. Er kippt sie einen nach dem anderen runter. Dann bestellt er neun Klare und kippt sie. Dann acht...

sieben...

Bei fünf angelangt lallt er:

"Komisch... je... je... je... weniger... ich saufe, desto besoffener werde ich..."

----

Gast im Lokal: "Herr Ober, auf der Karte steht 'Touristenkaviar'. Was ist denn das?"

Ober: "Eine Schüssel Reis und eine schwarze Sonnenbrille..."

---

Kommt ein Mann ins Lokal und ruft:

"Herr Wirt, schnell einen Doppelten, ehe der Krach losgeht!"

Er kippt den Doppelten hinunter und sagt:

"Noch einen, ehe der Krach losgeht!"

Nach dem 5. Glas fragt der Wirt seinen Gast:

"Was für einen Krach meinen Sie eigentlich?"

"Ich kann nicht bezahlen..."

---

Bert beobachtet in der Kneipe einen Gast, dem der Kellner den Schnaps immer direkt in den Mund kippt. Darauf angesprochen meint der Schlucker:

"Seit meinem Unfall trinke ich immer so."

"Was denn für ein Unfall?"

"Ich habe mal einen Doppelten mit dem Ellenbogen umgestoßen ..."

---

"Schluss jetzt", schimpft der Kneipenwirt, "ich schreibe nichts mehr an!"

Der Stammgast: "Und wie willst du dir das dann alles merken?"

---

Ein elegantes junges Paar speist im Nobelrestaurant. Da tritt der Chefkellner an den Tisch und wendet sich dezent an die Dame:

"Ist es Ihrer Aufmerksamkeit entgangen, dass Ihr Herr Gemahl soeben unter den Tisch gerutscht ist?"

"Da sind Sie einem Denkfehler aufgesessen, Herr Ober, mein Gemahl ist nämlich soeben zur Tür hereingekommen..."

---

"Herr Ober - wieso sind zwei Spiegeleier teurer als zwei Rühreier?"

"Weil man Spiegeleier nachzählen kann..."

---

"Herr Ober, was macht das Pfeffersteak?"

"Durstig, mein Herr..."

---

Im Restaurant. Eine ältere Dame bittet den Kellner, die Klimaanlage schwächer zu stellen. Nach wenigen Minuten fächelt sie sich mit der Speisekarte Luft zu und ruft erneut den Kellner:

"Wenn Sie jetzt die Aircondition bitte wieder etwas höher stellen könnten..."

"Aber gern."

Kaum fünf Minuten später: "Mich fröstelt, drehen Sie bitte die Anlage wieder runter."

Ein Gast am Nebentisch winkt den Kellner zu sich:

"Macht Sie das ewige Hin und Her eigentlich nicht nervös?"

"Keineswegs, mein Herr. Wir haben überhaupt keine Klimaanlage..."

---

Der Tünnes und der Schäl sitzen zu vorgerückter Stunde am Stammtisch. Da sagt der Schäl:

„Tünnemann, j-jetzt stommer ens op. Wemmer noch jonn k-künne, da-dann bleve mer noch jet. Künne mer äver nit jonn, da jommer!

---

"Aber Herr Ober, der Kaffee ist ja kalt!"

"Gut, dass Sie mir das sagen, mein Herr! Eiskaffee kostet nämlich einen Euro mehr..."

---

Der Ober bringt dem Gast die Suppe, und hält den Teller so, dass sein Finger drinhängt.

Gast: "Warum haben Sie bitte Ihren Finger in meiner Suppe?"

Ober: "Ja, also, ich habe einen vereiterten Finger, und mein Arzt hat gesagt, ich soll ihn warm halten, damit er schneller heilt."

Gast: "Igitt, das ist ja ekelhaft, da könnten Sie sich ihn eigentlich gleich in den Hintern stecken, da ist es auch schön warm!"

Ober: "Ja, da war er ja auch, bis Ihre Bestellung kam..."

------------------------------------------------------------

"Herr Ober, was macht Ihr Daumen auf meiner Bockwurst?"

"Meinen Sie, dass sie zum dritten Mal runterfallen muss?"

------------------------------------------------------------

Gast: "Herr Ober, da ist eine Linse in meiner Suppe!"

Ober: "Ah da! Ich habe mich schon gewundert, warum alles so unscharf ist..."

------------------------------------------------------------

Fragt der Ober den Gast: "Und, hat es Ihnen geschmeckt?"

Gast: "Ich habe schon besser gegessen."

Darauf der Ober: "Aber nicht bei uns..."

------------------------------------------------------------

Nun fragt der freundliche Kellner: "Hat es Ihnen geschmeckt?" Darauf der Gast:" Darf ich Ihnen mit den Worten eines Feinschmeckers antworten?"

"Selbstverständlich" Darauf der Gast: "Keine Ahnung, ich hatte Hunger."

---

Der Sommerfrischler nahm das erste Frühstück in der Pension ein. Die Pensionsmutter setzt ihm zum Kaffee ein winziges Kleckschen Honig vor.

"Ach, sieh da", wendet er sich an die Dame, "eine Biene halten Sie sich also auch?"

---

„Mein Teller ist ganz feucht", beschwerte sich der Reisende im Luxushotel.

"Sei doch ruhig", flüsterte seine Frau, "das ist schon die Suppe!"

---

Der Ober serviert dem Gast die bestellte Suppe.

Gast erbost: "Herr Ober, in meiner Suppe schwimmt eine Fliege!"

Da nimmt der Ober die Fliege gelassen aus der Suppe und bindet sie sich um...

---

Gast: "Da ist eine Fliege in meiner Suppe!"

Ober: "Wenn sie hundert zusammenhaben, bekommen Sie ein Fahrrad..."

---

Gast: "Herr Ober, in meiner Suppe schwimmt eine tote Fliege!"

Ober: "Unsinn, tote Fliegen können gar nicht schwimmen!"

---

Gast: "Ist der Hase frisch?"

Ober: "Eben erst abgestochen."

Gast: "Warum?"

Ober: "Weil er den Kanarienvogel vom Koch gefressen hat..."

---

Gast: "Was gibt es zu essen?"

Ober: "Aufschnitt."

Gast: "Haben sie nichts Warmes?"

Ober: "Doch, Bier!"

---

Gast: "Ich warte schon zwei Stunden auf mein Fünf-Minuten-Steak."

Ober: "Seien Sie froh, dass Sie keine Tagessuppe bestellt haben..."

---

Koch: "Was hat denn der Gast gerade in das Beschwerdebuch eingetragen?"

Ober: "Nichts - er hat sein Schnitzel eingeklebt..."

---

"Herr Wirt, in meinem Zimmer tropft es von der Decke. Ist das immer so?"

"Nein, mein Herr, nur wenn es regnet!"

---

Im französischen Feinschmeckerrestaurant:

"Unsere Schnecken sind weltbekannt!"

"Schon bemerkt - bin vorhin von einer bedient worden..."

---

"Herr Ober, meine Suppe ist kalt!"

"Kein Wunder! Die haben sie ja bereits vor einer Stunde bestellt!"

---

"Herr Ober, Herr Ober! Um meine Fliege ist so viel Suppe..."

---

Der Gast: "Ober, bringen Sie bitte Forelle Müllerin Art!"

Ruft ein zweiter Gast: "Mir auch bitte. Aber ganz frisch!"

Schreit der Ober in die Küche: "Zweimal Forelle, Toni. Einmal davon

frisch!"

---

"Herr Ober, ich würde gern dinieren!"

"Tut mir leid, mein Herr, die Nieren sind alle!"

---

"Na, wie schmeckt der Wein?"

"Tja, mit etwas Öl und Salat wäre er sicher nicht schlecht..."

---

"Herr Ober, das Steak riecht nach Schnaps!"

Da tritt der Ober drei Schritte zurück und fragt: "Immer noch?"

---

Der Chefkoch lässt die neue Kellnerin zu sich kommen. "Sagen Sie mal, wieso haben Sie denn 'Speinat' auf die Speisekarte geschrieben?"

"Sie haben doch selber gesagt", wehrt sie sich, "ich soll Spinat mit Ei schreiben ..."

---

Hinweis in einem Restaurant:

"Wir haben nichts dagegen, dass Sie rauchen, aber bitte atmen Sie nicht aus!"

---

Lohmann zum Ober:

"Das ist aber eine sehr traurige Geschichte mit dem Fisch, den Sie gerade serviert haben."

"Ich verstehe nicht mein Herr."

"Na, so klein und schon so verdorben."

---

Der Urlauber in einem kleinen Hotel:

"Bitte, ich möchte zwei Eier, eines steinhart, das andere roh, einen verkohlten Toast und eine lauwarme Brühe, die Kaffee heißt."

"Ich weiß nicht, ob sich das machen lässt", gibt der Kellner zu bedenken.

"Aber wieso, gestern ging es doch auch."

Kommt ein Mann in eine Kneipe und bestellt ein Bier. Als er zahlen will, sagt der Wirt "2 Euro 60". Der Mann zählt 26 10-Cent-Münzen ab und schmeißt sie hinter die Theke. Der Wirt ist sauer, sammelt aber das Kleingeld ein und grummelt vor sich hin.

Am nächsten Tag kommt der Mann wieder und bestellt ein Bier. Als er zahlen will, sagt der Wirt "2 Euro 60". Der Mann legt einen 5-Euro-Schein auf den Tisch. "Jetzt hab ich Dich", denkt der Wirt, zählt 24 10-Cent-Münzen ab und schmeißt sie zu dem Gast, sie verteilen sich im ganzen Lokal.

Der Mann überlegt kurz, legt dann 2 Groschen auf den Tisch und sagt "Noch 'n Bier!"

---

Wie heißt das gefährliche Gasgemisch zwischen zwei Wirtshäusern?

Frische Luft...

---

Kommt 'n Pferd in die Kneipe. Fragt der Wirt:

"Warum so 'n langes Gesicht?"

---

Gast: "Das Schnitzel schmeckt wie ein alter Hauslatschen, den man mit Zwiebeln eingerieben hat!"

Ober: "Donnerwetter! Was Sie nicht schon alles gegessen haben?"

---

"Herr Ober, das Schnitzel ist ja zäh wie eine Schuhsohle!"

"Ach ja? Warum nageln sie es dann nicht unter ihren Schuh?"

"Hab ich ja probiert, aber die Nägel sind alle abgebrochen."

---

Der Kellner liegt im OP: "Herr Doktor, ich habe sooooo große Schmerzen."

"Tut mir leid, aber das ist nicht mein Tisch."

---

"Herr Ober", erkundigt sich Müller-Worms,

"Warum heißt dieses Gericht denn Räuberspieß?"

"Warten Sie ab, bis Sie die Rechnung bekommen, mein Herr."

---

"Herr Ober - in meiner Suppe schwimmt ein Hörgerät."

"Wie meinen ?"

---

Vornehmes Restaurant. Der Gast sitzt bei der Suppe, als er eine Fliege in der Suppe bemerkt. Er ruft den Kellner heran und erklärt die Sache. Der meint: "Kein Problem", nimmt einen goldenen Löffel aus der Jacke und entfernt die Fliege mit den Worten: "Wir nehmen für solche Fälle einen goldenen Löffel ... Wegen der Hygiene ... Sie verstehen schon."

Der Gast ist begeistert, weil der Kellner nicht in seiner Suppe mit den Fingern nach der Fliege gefischt hat. Als er sich bedankt, meint er dann zum Kellner: "Die Sache mit dem Löffel ist ja ausgezeichnet ... Wegen der Hygiene meine ich. Aber wo sie gerade hier so stehen, aus ihrem Hosenlatz hängt ein Faden."

Der Kellner erwidert daraufhin: "Das ist mir bekannt. Daran ist mein Penis festgebunden. Wenn ich nun auf die Toilette muss, dann brauche ich meinen Penis nicht mit den Händen anzufassen, um ihn rauszuholen. ... Wegen der Hygiene... Sie verstehen schon."

Der Gast darauf: "Ist ja richtig interessant und gut ... Wegen der Hygiene... Aber wie bekommen sie ihn den nach dem Pinkeln wieder rein?"

Darauf der Kellner: "Dafür habe ich doch den goldenen Löffel."

---

"Können Sie kochen, Marie?"

"Jawohl, gnädige Frau, auf beiderlei Art."

"Was heißt das?"

"Je nachdem, ob Gäste wiederkommen sollen oder nicht."

Oft benutzte Wörter in einer Kneipe:

Schlange - "Sch'lange da?"

Flur - "Wi'flur iss denn?"

Kino - "Kino 'n Bier?"

Kanu - "Kan'u faahn!"

Eishockey - "Ei's OK?"

Morphium - "Morphium siem muss'ch wieder 'raus!"

Wirsing - "Au' Wi'r'sing!"

Ägypten - "Ägypten keiner einen aus?"

---

„Herr Ober, diese Suppe kann ich nun wirklich nicht essen!"

„So ein Unsinn, die Suppe ist einwandfrei. Geben Sie mal Ihren Löffel!"

„Welchen Löffel?"

**Schlussbemerkung**

Jeder im Service der Gastronomie steht vor dem gleichen Problem, er muss Waren verkaufen, für deren Herstellung er selbst nicht verantwortlich ist. Getränke bekommt er meist vom Buffet, Speisen aus der Küche. Dadurch entstehen im Berufsalltag Abhängigkeiten, die der „promptitude" im Weg stehen.

Aus vielen unterschiedlichen Erfahrungen heraus kann ich nur dringend empfehlen, sich mit den Verantwortlichen für Buffet und Küche gut zu stellen. Meist sind diese Kollegen nicht am TIP beteiligt, daher sollte man nach Möglichkeiten Ausschau halten, wie man eine Gemeinsamkeit ausbauen kann. Der Koch liest vielleicht eine bestimmte Fachzeitschrift, die man besorgen könnte oder die Fachfrau an der Theke würde sich über zwei Kinokarten freuen. Finden Sie heraus, auf welcher Ebene sie ansetzen müssen, um ein überdurchschnittlich gutes Verhältnis aufzubauen.

Es zahlt sich letztlich nicht nur bei der Bewältigung von Reklamationen aus, sondern auch im allgemeinen Betriebsablauf. Sie werden in gewisser Hinsicht dann bevorzugt behandelt – im Rahmen des Möglichen. Beim Koch „einen Stein im Brett" haben wirkt sich also direkt auf Ihr Trinkgeld aus. Denken Sie nur einmal an einem Gast mit einem Sonderwunsch aus der Küche und Sie stehen mit dem Koch auf gutem Fuß... Stellen Sie sich die umgekehrte Situation vor und Sie wissen schlagartig, worauf es ankommt.

Von Ihnen wird man sagen können „Der Kellner Felix macht Unmögliches möglich." Oder „Ich setze mich ins Revier von Sofie, die ist einfach die Beste."

Sie sehen also, Sie sind ganz direkt für das gute kollegiale Klima in Ihrem Betrieb verantwortlich. Es zahlt sich auch immer aus, einem jungen Kollegen etwas "auf die Sprünge" zu helfen, denn nur wenn alle an einem Strang ziehen, kann Ihre Kneipe, Ihr Restaurant, Ihre Bar auf lange Sicht Erfolg haben.

Und ganz nebenbei noch bemerkt, ausgezeichnete Kellner, mit guten Umsätzen und exzellenter Resonanz von den Gästen her fallen auch dem Chef/der Chefin auf. Diese werden immer zuallerletzt gekündigt – wenn überhaupt. Meistens werden sie befördert, auf Schulungen und Zusatzausbildungen geschickt, erhalten Vorbildfunktion und Gehaltserhöhungen.

Wer hingegen durch „Beschiss" auffällt, landet meist über kurz oder lang ‚draußen vor der Tür' – frei nach Wolfgang Borchert.

## Über den Autor

**Peter Echevers H.** wurde 1954 in Berlin-Zehlendorf in einer alten Berliner Architekten- und Baumeisterfamilie geboren. Er wuchs im Rheinland auf und war bis zur Mittleren Reife eigentlich ein mittelmäßiger Schüler. Danach entwickelte er plötzlich großen Bildungshunger und schrieb sich in ein Aufbaugymnasium und gleichzeitig am Institut Français ein.

Es folgten zwei gegensätzliche Lehren als Notargehilfe und Tischler; danach ein BWL-Studium an der Rheinischen Akademie und Seminare an einer Schule für Bildende Künste. Daneben absolvierte er als externer Schüler mit Erfolg die Fachhochschule für Seefahrt in Elsfleth bei Oldenburg.

Schon sehr früh zog es ihn zur Literatur. Angeleitet durch das Elternhaus, welches eine beachtliche Büchersammlung vorzuweisen hatte, begann sein Einstieg in die geschriebene Welt, kaum, dass er die ersten beiden Volksschuljahre hinter sich hatte. Mit Beginn der Pubertät begannen auch seine Versuche, selbst zu schreiben. Seine erste Veröffentlichung in der Lokalpresse im Alter von 15 war sein Aufsatz über die „Reise nach Paris"; es folgte mit 18 sein Reisebericht „Auf nach Brasilien" in der Lokalpresse.

Immer wieder unterbrach er seine Tätigkeiten, er konnte dem lockenden Ruf der Ferne nicht widerstehen. Zu groß war seine Sehnsucht, andere Länder und andere Menschen und Gebräuche kennen zu lernen. So lebte er für längere Zeit in acht europäischen und fünf außereuropäischen Ländern. Aber seine große Liebe ist und bleibt Südamerika, genauer gesagt Brasilien, wo er sich 2002 nach vielen Einzelreisen niedergelassen hat.

Seitdem hat er die Zeit gefunden, sich ganz dem Schreiben zu widmen. 2013 wurde ihm die Ehrendoktorwürde verliehen. Neben über 650 im Internet veröffentlichten Berichten, Aufsätzen und Stellungnahmen hat er bisher folgende Bücher veröffentlicht:

- Die Gaúchos ISBN 978-1-257-96502-1
- Búzios – Mein Paradies ISBN 978-1-4357-8894-7
- Faszination Rio ISBN 978-1-257-95830-6
- Der exzellente Liebhaber ISBN 978-1-257-95244-1
- Die exzellente Liebhaberin ISBN 978-1-257-94957-1
- Konfliktparallelen ISBN 978-1-257-95444-5
- Moderne Lesart ISBN 978-1-257-95674-6
- Der Feminist ISBN 978-1-257-87377-7
- Unvergesslicher Senegal ISBN 978-1-257-97175-6
- Afrikaerfahrung Elfenbeinküste SBN 978-1-257-98790-0
- Der Beweis ISBN 978-1-257-98733-7
- Der Autoresponder ISBN 978-1-4717-0821-3
- Nadelöhr Panama ISBN 978-1-257-99773-2
- Immer wieder Schweden ISBN 978-1-105-02047-6
- Stete Kanaren ISBN 978-1-105-06365-7
- São Paulo ISBN 978-1-105-09363-0
- Das Golfspiel ISBN 978-1-105-02974-5
- Tango – Komplex ISBN 978-1-105-20512-5
- Formel 0-1-in-2 ISBN 978-1-300-05252-4
- Die Paläo-Diät ISBN 978-1-300-13178-6
- Elvis Aaron Presley ISBN 978-1-105-97628-5
- Der Schriftsteller ISBN 978-1-300-20183-0
- Tinnitus… Und nun ISBN 978-1-300-21638-4
- Das Gedächtnis ISBN 978-1-291-20373-8
- Tendenzen 3000 ISBN 978-1-300-67248-7

- Sexy Six-Pack ISBN 978-1-300-80704-9
- Top-Tipp – Fibromyalgie ISBN 978-1-291-36125-4
- Top-Tipp – Nie mehr Geldsorgen ISBN 978-1-300-72028-7
- Blue Light – ISBN 978-1-300-99839-6
- Top-Tipp – Der Kellner ISBN 978-1-304-09023-2
- Top-Tipp – Waiter & Waitress ISBN 978-1-304-10065-8
- Impfen? - Der-zweihundert-Jahre-Irrtum ISBN 978-1-291-52573-1
- Silvio Gesell – Die Revolution des Geldsystems ISBN 978-1-291-52576-2
- Vitamin D3 – Tricks der Pharma-Mafia ISBN 978-1-326-06349-8
- Ein Mann muss Brot backen können ISBN 978-1-291-56517-1
- Slàinte mhath - Schottlands Malt-Whisky Almanach, ISBN 978-1-291-62424-3
- "Jet de Schnüss jeschwaadt" ISBN 978-1-291-66476-8
- 3D Visualisierungen - Ernstes und Verspieltes in Cinema4D ISBN 978-1-291-95209-4
- Heilen durch Essen - Ernährung für Multiple Sklerose Patienten ISBN 978-1-291-95085-4
- Pharma-Mafia - Ärzte und Patienten im Würgegriff der Arzneimittelindustrie ISBN 978-1-291-90310-2
- Venustropfen ISBN 978-1-291-22324-8
- Die Liebe kommt aus Panamá ISBN 978-1-326-27509-9
- Annegret 1. Teil ISBN 978-1-326-30273-3
- Anne 2. Teil ISBN 978-1-326-40158-0
- Donna Anna 3. Teil ISBN 978-
- Flucht ISBN 978-1-326-45700-6
- Von Mondstaub und von Feenhaar ISBN 978-1-326-58996-7
- Vom Wolkenschloss und von Zaubererbsen ISBN 978-1-326-66370-4
- De Poeira de Luna e de Cabelo de fadas ISBN 978-1-326-71750-6
- Phalluskult ISBN 978-1-326-73147-2
- Mit Wildkräutern gegen den Krebs ISBN 978-1-326-73148-9
- DAS BÖSE - Lobaczewskis wissenschaftliche Betrachtung ISBN 978-1537610009
- Vom Traumfänger und von der Sonnentänzerin ISBN 978-1-326-79361-6
- Dona Anne ISBN 979-8-498-22457-2

www.ingramcontent.com/pod-product-compliance
Lightning Source LLC
Chambersburg PA
CBHW050255220526
45465CB00002B/695